오드리 헵번

글쓴이 마가렛 카딜로
그린이 줄리아 디노스
옮긴이 김선희

글쓴이 마가렛 카딜로

마가렛 카딜로는 미국 마이애미 대학에서 글쓰기 석사학위를 받았습니다. 플로리다 주에서 태어나 보스턴 칼리지를 졸업했어요. 뉴욕으로 이사한 뒤, 하이페리온 출판사에서 어린이책 편집자로 일했고, 지금은 사우스 플로리다에 살며 시나리오를 공부하고 있습니다. 이 작품은 어린이를 위한 첫 번째 책입니다.

그린이 줄리아 디노스

줄리아 디노스는 〈할머니의 장갑(Grandma's Gloves)〉, 〈도티(Dotty)〉, 〈소저너 트루스(Sojourner Truth)〉 등의 어린이책에 그림을 그렸습니다. 최근에는 〈Windows〉로 '에즈라 잭 키즈'상을 받기도 했습니다. 레슬리 대학에서 미술 석사학위를 받았고, 지금은 매사추세츠에 삽니다.

옮긴이 김선희

김선희는 한국외국어대학교를 졸업했습니다. 2002년 단편소설 〈십자수〉로 근로자문화예술제에서 대상을 수상했습니다. 2007년 뮌헨국제청소년도서관에서 펠로십으로 아동 및 청소년문학을 연구했습니다. 옮긴 책으로 《희망이 담긴 작은 병》, 《전쟁을 끝낸 파리》, 《구스범스 호러특급 시리즈》, 《윔피키드 시리즈(개정판)》, 《청소기에 갇힌 파리 한 마리》, 《공부의 배신》과 150여 권의 책이 있습니다.

오드리 햅번

초판 1쇄 펴낸 날 | 2019년 7월 2일

글쓴이 마가렛 카딜로 | 그린이 줄리아 디노스 | 옮긴이 김선희
펴낸이 권인수 | 펴낸 곳 도토리숲 | 출판등록 2012년 1월 25일 제313-2012-151호
주소 (우)03958 서울시 마포구 망원로 19 참존1차 아파트 501호(망원동 419-3)
전화 070-8879-5026 | 팩스 02-337-5026
메일 dotoribook@naver.com | 블로그 http://dotoribook.blog.me
기획편집 권병재 | 디자인 박정현
ISBN : 979-11-85934-45-7 73840

JUST BEING AUDREY by Margaret Cardillo
Text copyright ⓒ 2011 by Margaret Cardillo
Illustration copyright ⓒ 2011 by Julia Denos
All rights reserved.
This Korean edition was published by DOTORIBOOKS PUBLISHING CO.
in 2019 by arrangement with HarperCollins Publishers through
KCC(Korea Copyright Center Inc.), Seoul.

이 책은 (주)한국저작권센터(KCC)를 통한 저작권자와의 독점계약으로 도토리숲에서 출간되었습니다.
저작권법에 의해 한국 내에서 보호를 받는 저작물이므로 무단전재와 복제를 금합니다.

이 도서의 국립중앙도서관 출판예정도서목록(CIP)은 서지정보유통지원시스템 홈페이지(http://seoji.nl.go.kr)와 국가자료종합목록 구축시스템(http://kolis-net.nl.go.kr)에서 이용하실 수 있습니다. (CIP제어번호 : CIP2019020096)

* 이 책은 저작권법에 따라 보호를 받는 저작물이므로, 무단 전재와 무단 복제를 금하며,
  이 책에 실린 내용을 이용하시려면 반드시 저작권자와 도토리숲의 동의를 받아야 합니다
* 책값은 뒤표지에 있습니다.

"내 자신을 시대의 우상으로 생각한 적은
한 번도 없어요…….
난 그저 내 일을 할 뿐이에요."

오드리는 발레리나가 되고 싶었어요. 하지만 키도 발도 크고,
목도 너무 길었어요. 그래도 춤을 계속 추었어요.
때때로 집 마당에서 동화 같은 발레 공연을 열기도 했어요.
그럴 때면 나무하고 다람쥐가 관객이 되었답니다.
오빠들은 이따금 오드리를 놀리곤 했어요. 오드리가 늘 자기만의
세상에 빠져 있다고요. 엄마는 이런 오드리를 이해해 주었어요.
"그저 자기 할 일을 하니 오드리답구나."

오드리는 발끝으로 서서 춤추는 게 힘들었어요. 그래도 포기하지 않았죠.
다른 친구들보다 연습을 더 많이 했어요. 어떤 친구들은 오드리를 비웃기도 했어요.
이가 안으로 굽고, 눈이 너무 큰 것 같다면서요.
오드리는 자신이 남들과 다르다는 걸 알았지만,
마음에 담아 두지도 않았지요.

오드리가 바라는 건 딱 한 가지였어요. 유럽에서 최고 발레리나가 되고 싶었어요. 엄마는 유명해지는 것보다 더 중요한 게 있다고 오드리에게 늘 이야기해 주었어요.
"오드리, 언제나 친절한 사람이 되어야 한단다."

오드리가 열 살이 되었을 때, 제2차 세계대전이 일어났어요.
가족은 네덜란드로 피난을 가야 했어요. 독일 나치 군대가 오드리네
집 앞까지 쳐들어왔거든요. 엄마는 귀족이었지만, 오드리의
어린 시절은 결코 넉넉지 못했어요. 식구들은 마흔 명이나
되는 다른 사람들과 함께 시골 작은 집에 숨어 지내야 했어요.
음식도 넉넉지 않았고 무척 추웠어요. 얼마 안 되는 음식은
순식간에 떨어져서 사람들은 곧 절망에 빠졌지요.

모든 게 힘들었지만, 오드리는 계속 춤을 추었어요. 아이들을 거실로
불러서는 발레를 가르쳐 주기도 했지요. 오드리는 아이들과 함께
나치와 싸우는 사람들을 위해 자선 공연도 열었어요.
사람들은 박수를 칠 수가 없었어요. 들키면 큰일 나니까요.
박수를 안 쳐도 사람들 얼굴에 번지는 웃음을
오드리는 읽을 수 있었어요.

어느 날 누군가 문을 쾅쾅 두드렸어요. 모두가 꽁꽁 얼어붙었지요. 여기 있다는 사실을 들킨 걸까요? 아니에요. 몇 년 간 이어진 나쁜 소식 대신 마침내 기쁜 일이 생겼어요. 전쟁이 끝난 거예요. 국제연합에서 온 자원봉사자들이 음식, 옷과 약을 가져다주었어요. 어떤 사람이 오드리에게 초코바 하나를 주었어요. 오드리는 초코바를 허겁지겁 먹는 바람에, 배탈이 나고 말았어요. 그래도 오드리에게는 최고로 맛있는 음식이었어요. 오드리는 이 사람들이 베푼 친절한 행동을 결코 잊을 수가 없었어요.

전쟁이 끝나고, 오드리와 엄마는 영국 런던으로 이사를
했어요. 돈이 거의 없었어요. 사실 오드리에게는 블라우스와
치마 두어 벌, 그리고 예쁜 스카프 한 장이 있었어요.
오드리는 날마다 스카프를 다른 모양으로 두르고 다녔어요.
오드리는 발레리나가 되는 꿈을 이룰 수 없다는 것을 깨달았어요.
발레리나치고는 키가 너무 컸거든요. 키는 어떻게든 달라질 수가
없잖아요. 오드리는 발레리나 대신 배우가 되기로 마음먹었어요.

오드리는 몇 번 자그마한 역할을 맡았어요. 그러다가 프랑스 남부에도 갔지요. 이 때 프랑스의 유명한 작가 콜레트가 오드리를 눈여겨보았어요. 콜레트는 뉴욕 브로드웨이에서 공연할 〈지지〉라는 작품에 지지 역할을 할 여배우가 필요했거든요.
"지지 역할에 딱 어울려!"
콜레트가 착각을 한 건지도 몰라요. 오드리는 연기 경험이 별로 없었으니까요.
"오드리에게는 뭔가 특별한 것이 있어요!"
이렇게 오드리는 브로드웨이로 공연을 떠났어요.

뉴욕은 오드리가 살던 곳과는 아주 달랐어요. 오드리는 연습에 푹 빠져 있어서 좀체 알아채지 못했지요. 부족한 연기 경험을 채우기 위해서 누구보다도 열심히 연습을 했거든요.

오드리가 브로드웨이에서 공연을 하고 있을 즈음,
할리우드 영화 감독 윌리엄 와일더가 영화를 찍기 위해
새로운 얼굴을 찾고 있었어요. 윌리엄 와일더는 오드리를
보는 순간, 자신이 찾던 사람이라는 걸 단박에 알았어요.
오드리는 〈로마의 휴일〉 영화에서 앤 공주 역할을 했어요.
영화에서 공주는 기자와 사랑에 빠지지요. 영화가
개봉되었을 때, 모든 사람이 오드리와 사랑에 빠졌지요.
오드리는 이 영화로 아카데미
여우주연상을 받았어요.

오드리는 유명한 할리우드 영화에서 멋진 배우가 되었어요.
〈파리의 연인〉, 〈사브리나〉, 그리고 〈마이 페어 레이디〉 같은
영화에서요. 〈티파니에서 아침을〉 영화에서는 소녀 역할을,
〈파계〉 영화에서는 수녀 역할을 했어요. 오드리는 어려운 역할을
자기 것으로 잘 만들었지요.

오드리는 여러 가지 역할을 하면서, 몸과 마음 모두 역할에 맞게
변신을 했어요. 그래도 실제 생활에서는 언제나 자신이 누구인지,
자신이 어디에서 왔는지 절대 잊지 않았어요.

오드리는 배우 그 이상이었어요. 사람들에게 영감을 주는 인물이기도 했지요. 할리우드에서 떠오르는 많은 신인 배우들은 외모가 뚜렷했지만, 오드리는 좀 달랐어요. 언제나 삐쩍 마른 몸매에 짧은 머리, 옷은 단순하면서도 우아했지요. 이런 독특한 스타일 덕분에 '헵번룩'이라는 이름이 생겨났어요.
오드리의 외모가 어린 아이처럼 보인다고요? 사실은 그런 모습이 오드리를 더욱 돋보이게 했어요. 로스앤젤레스에서 뉴욕까지, 파리에서 도쿄까지, 거리에서 오드리를 흉내 내는 사람들이 많았거든요. 모두가 오드리처럼 되고 싶었어요.

오드리는 다른 스타들과 달랐어요. 언제나 시간을 잘 지키고,
대사도 하나하나 꼼꼼하게 외웠지요. 영화 촬영이 끝나면,
함께 일하는 사람들을 위해 따뜻한 음식을 만들어 주곤 했어요.
오드리는 누구보다 상냥하고 친절한 사람이었지요.

오드리는 스무 편이 넘는 영화에서 주인공을 맡았지만,
가장 좋아하는 역할은 엄마였어요. 두 아들 숀과 루카와
시간을 보내고, 오후에는 정원을 가꾸었어요.
이보다 행복한 시간은 없었어요.

아이들이 자라자, 오드리는 자신의 명성을 좋은 일을 하는데 사용하기로 마음먹었어요. 1988년, 오드리는 유니세프 국제 친선대사가 되었어요. 어렸을 적 자신을 도와주었던 바로 그 단체였지요.

오드리는 온 세계를 여행하면서 어려움을 겪고 있는 어린이에게 도움을 주었어요. 오드리는 이렇게 말하곤 했어요. "아이들은 꽃과 같습니다. 자그마한 도움으로도 아이들은 살아남을 수 있어요. 아이들은 일어나 또 하루를 살아갈 수 있습니다."

1989년, 오드리는 큰 행사를 치렀어요. 여행하며 만난
어린이를 지원하기 위한 도움을 요청하는 연설을
미국 의회에서 했어요.
"저는 오늘 스스로 소리 내어 말할 수 없는 어린이들을
위해 이 자리에서 대신 말합니다. 어린이는 누구나
건강하게 사랑받으며 살아갈 권리가 있습니다."
이 연설은 사람들의 마음을 움직였어요.
유니세프의 모금액은 두 배로 늘었고,
동료 배우들도 함께 참여했어요.
오드리는 이런 노력 덕분에 1992년 미국에서
가장 명예로운 상인 '대통령 자유 훈장'을 받았어요.
오드리의 삶이 언제나 동화 같지는 않았어요.
오드리는 슬픔 보다는 희망을 선택했어요.
오드리가 살아 온 삶의 흔적은 여전히 남아 있어요.
출연한 사랑스러운 영화 속에, 사람들에게
보여 주었던 친절함 속에, 전 세계를 돌며
도와주었던 어린이들 얼굴 속에서요.

그리고 좀 더 가까이 들여다보면, 여전히 거리에서도
오드리의 모습을 찾아 볼 수 있을 거예요.

작가의 말

글작가 마가렛 카딜로 Margaret Cardillo

　중학교 때, '가장무도회'를 준비하면서 오드리 헵번을 처음으로 알게 되었어요. 엄마는 제게 영화 〈로마의 휴일〉을 보여 주었어요. 영화가 끝나고 자막이 올라가는 순간, 나는 박수를 치며 앙코르를 외치고 있었어요. 〈티파니에서 아침을〉, 〈마이 페어 레이디〉, 〈사브리나〉……. 완전 오드리 헵번에 빠졌지요. 오드리의 아름다움 때문에 사로잡혔던 게 아니에요. 오드리의 마음, 그리고 삶의 환희 때문이었죠. 오드리는 의기양양한 미소와 재치 넘치는 말로 사소한 삶의 문제를 이겨낼 수 있었어요. 나도 조금은 문제아였기에, 오드리 안에서 내 모습을 살짝 볼 수 있었지요.

　다른 많은 팬처럼 나도 처음엔 영화 때문에 오드리에게 끌렸어요. 그러나 이 책을 쓰기 위해 자료를 조사하면서 겉으로 드러난 오드리의 모습보다 그 안에 든 진짜 삶이 훨씬 더 중요하다는 걸 깨닫게 되었어요. 많은 여자 배우들은 외모 때문에 인기가 있어요. 하지만 나는 세상을 위해 자신의 명성을 사용하는 한 여자를 축하해 주고 싶었어요.

　학교 가장무도회에서 오드리 헵번으로 처음 분장한 게 벌써 한참 전이에요. 그런데도 나는 지금도 여전히 오드리 헵번을 닮고 싶어요. 오드리는 내게 소녀들이라면 누구나 알아야 하는 사실을 가르쳐 주었거든요. 그저 나 자신이 되는 것이 중요하다고요. 오드리는 내게 자신의 일을 하라고 가르쳐 주었어요.

그림 작가 줄리아 디노스 Julia Denos

　이 그림책에 그림을 그리기 전까지, 나는 오드리 헵번에 대해 많이 알지 못했어요. 그래요, 나는 날마다 오드리 헵번 스타일의 옷을 입어요. 발레 신발을 신고 거리를 돌아다니고, 리본 모양으로 스카프를 묶고, 몸에 딱 달라 붙는 청바지도 입어요. 하지만 오드리 헵번을 안다는 것이 단순히 스타일을 따라 입는 게 아니잖아요.

　그래서 이 특별한 여인에 대해 쓴 원고가 왔을 때, 나는 처음부터 시작해야 했어요. 오드리가 출연한 영화를 모두 보고, 일대기를 읽고, 의상을 공부하고, 인터뷰를 듣고, 그 삶 속으로 들어갔다가, 결국 나는 사랑에 빠지고 말았어요! 오드리를 존경할 만한 이유는 너무도 많아요. 어린 소녀로 제2차 세계대전을 견뎌냈고, 젊은 여인으로 지방시 작품을 빛내 주었고, 나이 들어서는 아프리카의 연약한 어린이들을 감싸 주었지요.

　수많은 사람들이 이미 오드리의 팬이라는 걸 잘 알아요. 제가 늦게 팬이 된 거지요. 어쩌면 늦게나마 오드리 팬이 된 게 다행일지도 몰라요. 내 자신의 세상, 하얀 도화지 속 조용한 시간에 오드리를 만날 수 있으니까요. 오드리의 세계는 내가 그림을 그리기에 천국이었어요. 참고한 자료에는 총천연색의 영화, 오래된 가족 사진, 유명 디자이너의 작품, 최고의 실루엣(윤곽)이 있었거든요.

　세련된 블라우스를 바지 속에 깔끔하게 집어 넣고, 일자로 자른 머리 아래 눈썹을 연구하는 몇 달 동안, 나는 오드리의 영혼과 친구가 되었어요. 오드리는 내게 이런 영감을 남겼어요. 그저 열린 마음으로 삶을 계속 사랑하라고요. 오드리의 이런 삶을 그림으로 표현할 수 있어서 영광이에요.

오드리 헵번 연보

1929년 5월 4일	벨기에 브뤼셀에서 태어나다.
1940년 5월 10일	독일 나치가 네덜란드를 침략하다.
1945년 5월 4일	네덜란드가 나치 지배에서 해방되다. 오드리 열여섯 살이 되다.
1948년	첫 번째 영화 〈더치 인 세븐 레슨(Dutch in Seven Lessons)〉에서 주인공을 맡다.
1951년	프랑스 극작가 콜레트가 오드리를 눈여겨보고 브로드웨이 연극 〈지지〉 출연을 제안하다.
1953년 9월 2일	할리우드 첫 작품 〈로마의 휴일〉이 개봉하다.
1954년	영화 〈로마의 휴일〉로 아카데미 여우주연상을 받다.
1954년	영화 〈사브리나〉 촬영 때, 유명 패션 디자이너 '지방시'를 만나다.
1954년 9월 25일	배우 멜 페러와 결혼하다.(1968년 이혼)
1960년 7월 17일	첫째 아들 숀이 태어나다.
1961년	영화 〈티파니에서 아침을〉에서 주인공 홀리 골라이틀리 역할을 맡다.
1969년 1월 18일	이탈리아 로마에서 안드레아 도티와 결혼하다.(1982년 이혼)
1970년 2월 8일	둘째 아들 루카가 태어나다.
1980년	저녁 모임에서 로버트 월더스를 만나 죽을 때까지 동반자로 지내다.
1988년	유니세프 국제 친선대사가 되다.
1989년 4월 6일	미국 의회에서 연설을 하다.
1992년 12월 11일	미국 대통령 자유 훈장을 받다.
1993년 1월 20일	스위스 자택에서 사망하다.
1993년	아카데미 여우주연상, 골든 글로브, 토니상, 그래미상, 에미상을 모두 받은 배우 다섯 명 가운데 한 사람이 되다.
2004년 4월	오드리 삶을 기념하기 위하여 '오드리 헵번 평화상'이 생기다.